Für

....

von

....

Nimm dir etwas Zeit für dich

Texte und Fotografien

von Kristiane und Volker Wybranietz

arsEdition

Gelassen

entsteht aus ruhiger Betrachtung
der Dinge um uns herum
und der Freiheit sowie Klugheit,
sich die Zeit für alles oder auch nichts
nehmen zu können –
zwischendurch.

heit

Träume

Die Träume aufflattern lassen,
den Gedanken das Vagabundieren gestatten,
der Inspiration und neuen Ideen Tür und Tor öffnen

ist (über)lebensnotwendig

in dieser schrillen, lauten und hektischen Zeit.

Lächeln

Es gibt Tage,
da müssen wir
uns selbst
ein
Lächeln schenken.

Verpflichtungen und Verantwortungen
anderen gegenüber nachzukommen
ist Ehrensache,
erfüllt und gibt dem Leben Sinn.

Und wie steht es mit
den Verpflichtungen und Verantwortungen
uns selbst und unserer Lebensqualität
gegenüber?

Ein Stückchen Zeit
für uns ganz allein
muss bleiben!

Zeit

Ruhezonen

Um uns richtig
entfalten zu können,
brauchen wir
Ruhezonen
im Leben.

Natur

Wenn wir nie innehalten
in unserer Eile,
erleben wir nur wenig
von der Schönheit der Natur,
von der Inspiration der Kunst
und am allerwenigsten von
unserer eigenen Schönheit und der der Menschen,
die uns nahestehen.

Wohl dem,
der eine Lieblingstätigkeit hat,
in der er sich ganz
verlieren kann,
selbstvergessen
für eine Weile.

sich verlieren

Für eine

Weile

hinter dem Vorhang

zu verschwinden

gibt Kraft

für neue Auftritte.

verschwinden

»Have a break!«,
sagen die Engländer,
wenn sie ausspannen wollen.

Stimmt,
wir müssen
öfter mal den Alltag
durchbrechen,
sonst sind wir irgendwann
erschöpft und zerbrochen.

Ausspannen

Es reicht nicht,
ein Paket voller Hoffnungen
auf gute Gesundheit,
Schaffenskraft
und Vitalität
zu schnüren.

Wir selbst sind gefordert,
dafür etwas zu tun.

Hoffnungen

Im Einklang mit all
meinen Sinnen
entziehe ich mich
der Belagerung durch äußere Einflüsse
und
genieße die Stille
und Ruhe –

ein Jungbrunnen.

Einklang

Erholung

Tiere ziehen sich den Jahreszeiten gemäß
in ihren Winterschlaf zurück.

Pflanzen
wissen von ganz allein,
wann sie Erholungsphasen brauchen,

nur wir Menschen
schaffen es scheinbar,
die Notwendigkeit der Regeneration
zu ignorieren.

Rückschau

Es kann nicht der Sinn sein,
in blinder Hast durchs Leben zu eilen,
um erschöpft am Ende anzukommen
und sehnsuchtsvoll Rückschau halten zu müssen
auf all das, was sich bot,
aber nicht wirklich genossen wurde.

Ruhe und Harmonie,
Entspannung und Besinnung
sind die Heilquellen,
die uns die Kraft geben,
die täglichen Herausforderungen
mit Gelassenheit zu meistern.

Kraft

Viele sehen weder
die Blumen an ihrem Weg
noch die Sterne am nächtlichen Himmel,

während sie ihres
Weges hetzen;
nicht als würden sie leben,
sondern als seien sie auf der Flucht.

Wovor und wohin?

Sterne

Fühlen,

Schmecken,

Riechen,

Sehen,

Hören

– welch tiefe Quelle großen

Reichtums.

Lass diese nicht

in der Hektik der Zeit versiegen.

Quelle

Spuren

Wir zaudern, uns auszuruhen,
haben Angst vor Müßiggang
und bangen um unseren Erfolg.

Doch um Erfolg zu erreichen,
zu halten und
zu genießen,
bedürfen wir
der schöpferischen Pause.

Wir hinterlassen auch
Spuren,
wenn wir uns
ab und an zurückziehen.

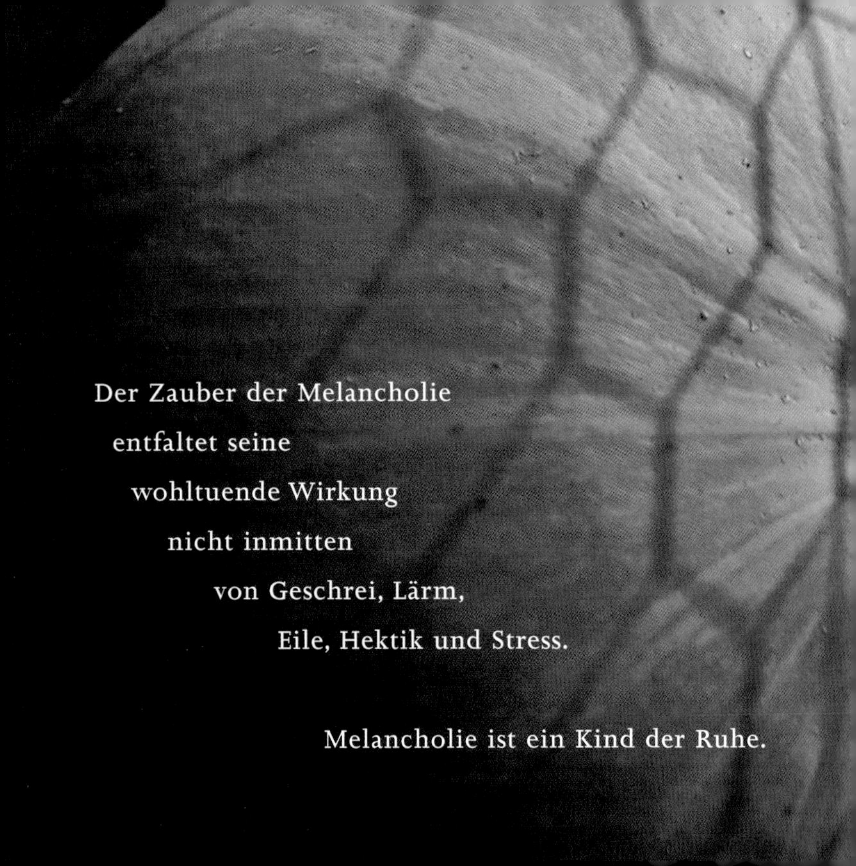

Der Zauber der Melancholie
entfaltet seine
wohltuende Wirkung
nicht inmitten
von Geschrei, Lärm,
Eile, Hektik und Stress.

Melancholie ist ein Kind der Ruhe.

Ruhe

Ähnlich der Einkehr auf
langer Wandertour
benötigen
wir Atempausen
auf unserem Lebensweg,
um Spannungen zu lösen,
Nervenkraft und
Energie zu schöpfen.

Atempausen

Um die Balance
in unserem Leben
zu halten,

bedarf es des Gleichgewichts
im körperlichen, geistigen
und seelischen Wohlbefinden.

Balance

Pause

Wer stets

nur

schuftet und schiebt,

sich keine Pause gönnt,

verliert alle Energie –

und dann?

Unsere
Oasen und Inseln des Friedens
müssen wir
konsequent verteidigen.

Sie sind notwendig,
um die Kraft für den Kampf
zu sammeln.

Oase

Gestaltung: Eva Schindler
ISBN 978-3-7607-2814-8
Printed by Tien Wah Press

www.arsedition.de